Blick von den abgeräumten Ruinengrundstücken der Humboldtstraße auf den Kopfbau des nordöstlichen Schlossflügels. Die Kuppel der Nikolaikirche hat bereits eine neue Kupferdeckung erhalten, Herbst 1959.

Blick vom Alten Markt auf den nordöstlichen Kopfbau des Stadtschlosses. Im 18. Jahrhundert lag hier das Theater Friedrichs des Großen, später die Wohnung Alexander von Humboldts. Nach der Novemberrevolution 1918 wurde im Kopfbau der Sitzungssaal der Potsdamer Stadtverordneten eingerichtet.

Vom nordwestlichen Kopfbau ist nur noch der Portikus stehen geblieben. Die »Herkules«-Figur auf der Spitze des Giebels hat wie das Giebelrelief »Friedensopfer« den Bombenangriff unbeschadet überstanden. Beide Kunstwerke stehen für den siegreichen Abschluss des Zweiten Schlesischen Krieges 1745.

Teil der Ringerkolonnade mit den Figurengruppen »Gebückte Ringer« von August Nahl und »Fechter« von Georg Franz Ebenhech.

Blick aus der Schlossstraße zur Nikolaikirche und dem Alten Rathaus. Rechts der zerstörte nordwestliche Kopfbau des Schlosses mit dem Steubenplatz, Herbst 1959.

Morgenstimmung an der Ruine des Stadtschlosses. Blick vom Steubenplatz auf die Reste des nordwestlichen Kopfbaus und das Fortunaportal, Herbst 1959.

Der Untergang des Potsdamer Stadtschlosses

FOTOGRAFIEN VON HERBERT POSMYK

HERAUSGEGEBEN VON CHRISTIAN THIELEMANN

BILDERLÄUTERUNGEN VON JÖRG KIRSCHSTEIN

MIT EINEM TEXT VON SVEN FELIX KELLERHOFF

Blick entlang der Lustgartenfassade zum südwestlichen Eckpavillon.

Blick auf die Hofseite des Westflügels. Die Ruine ist zwar ausgebrannt, die Fassade und der Figurenschmuck aber noch weitgehend erhalten. Die Skulpturen konnten vor dem Abriss geborgen werden. Hinter den Fenstern des zweiten Obergeschosses befanden sich einst die Wohnungen für das Gefolge von König Friedrich Wilhelm III., die des späteren Kaiser Wilhelms II. und des Kronprinzen Wilhelm.

Blick auf das zerstörte Fortunaportal von 1701, errichtet als Erinnerungszeichen für die Königskrönung Friedrichs I. in Königsberg. Rechts die Ruine des nordwestlichen Kopfbaus.

Die Fotografien von Herbert Posmyk

VORWORT VON CHRISTIAN THIELEMANN

An einem freien Tag sah ich mir im Haus der Brandenburgisch Preußischen Geschichte die Ausstellung über das Potsdamer Stadtschloss an. Seit vielen Jahren hege ich eine große Begeisterung für dieses Bauwerk, das ich für das schönste und harmonischste unter all den großen preußischen Schlössern halte. Es gibt nur sehr wenig Literatur zu diesem einmaligen Ensemble, aber was dazu erschienen ist, hüte ich in meiner Bibliothek und nehme es immer wieder in die Hand.

Nun sah ich im Kutschstall diese Fotografien, sie waren mir völlig unbekannt und zeigten die Bilder der Ruine des Schlosses. Es war eine einzigartige Dokumentation des Abrisses im Jahr 1960. Diese Fotos hatten eine sehr starke Wirkung auf mich und zogen mich ungeheuer in ihren Bann. Ich musste herausbekommen, wer diese Bilder aufgenommen hatte, und wollte, wenn das überhaupt noch möglich war, unbedingt Kontakt zu diesem Menschen aufnehmen. Ich brachte in Erfahrung, dass Herbert Posmyk der Fotograf war, nahm das Telefonbuch zur Hand und fand tatsächlich den erhofften Eintrag. Es meldete sich ein aufgeschlossener, älterer Herr, der sofort bereit war über die Aufnahmen und die Umstände, unter denen diese entstanden waren, zu sprechen. Nebenbei erwähnte er auch noch, dass er mehrere Hundert Aufnahmen vom Abriss des Potsdamer Stadtschlosses angefertigt hatte. Ich war vollkommen elektrisiert, wollte alle Aufnahmen sehen und hatte das untrügliche Gefühl, dass man diese Bilder der Öffentlichkeit zugänglich machen müsste. Im Frühjahr 2015 traf ich Herbert Posmyk und wir sahen uns gemeinsam den Großteil der Bilder an. Trotz dieser erschütternden geschichtlichen Dokumentation haben die Bilder etwas Romantisches in sich. Man spürt sofort, dass diese Fotos von einem Menschen aufgenommen wurden, der eine starke Beziehung zu diesem Bauwerk hatte, der unter dem Abriss litt und ihn trotzdem nicht verhindern konnte.

Ich freue mich sehr und bedanke mich herzlich, dass nun in der Berliner Edition Braus ein Buch mit den so beeindruckenden Fotos von Herbert Posmyk erscheint.

Potsdam, im August 2016

Erst nachdem die im Krieg zerstörten Häuser im Bereich der Schlossstraße abgeräumt worden waren, wurde diese Perspektive auf das Fortunaportal und den Portikus des Westflügels möglich.

Figurengruppe »Gebückte Ringer« von Friedrich Christian Glume

Skulptur »Fechter« von Georg Franz Ebenhech

Figurengruppe »Stehende Ringer« von Friedrich Christian Glume

Skulptur »Fechter« von Georg Franz Ebenhech

Die Ringerkolonnade verband den Westflügel des Schlosses mit dem Marstall. Die Balustrade, die den königlichen vom städtischen Bereich trennte, war mit Skulpturengruppen und Einzelfiguren der Ringer, Fechter und Schleuderer geschmückt.

Das große Rundbogenfenster in der Mittelachse des Corps de logis wird von einem männlichen Schlusssteinkopf gekrönt. Rechts ist der Arm einer von vier Hermen des Bildhauers Johann Peter Benckert zu erkennen, die den hofseitigen Eingang zum Haupttreppenhaus flankierten.

LINKS *Blick in das Haupttreppenhaus, dessen hohe Fenster dem Raum viel Licht gaben. Er gehörte zu den Hauptwerken des Architekten von Knobelsdorff. Zwischen den Rundbogenfenstern ist noch der untere Teil des Hermenpilasters zu erkennen. Die abschließende männliche Trägerskulptur ist wie seine drei Pendants schon ausgebaut worden. Diese vier Marmorhermen wurden an ähnlicher Stelle im neuen Treppenhaus des Landtags integriert.*

Blick in den Marmorsaal nach Westen. Anstelle des nackten Ziegelmauerwerks befand sich hier das Monumentgemälde »Triumphzug des Großen Kurfürsten« von Paul Carl Leygebe (um 1695). Das Bild wurde nicht ausgelagert und verbrannte im April 1945. Der Marmorsaal zählte mit seiner reichen Dekoration und kostbaren Ausstattung zu den beeindruckendsten Räumen des Stadtschlosses.

Die Marmorgalerie lag zwischen dem Treppenhaus und dem Marmorsaal. Die Wände der Galerie waren mit grünem und weißem schlesischen Marmor verkleidet. Bemerkenswert ist, dass der kostbare Wandschmuck den Feuersturm des Krieges verhältnismäßig gut überstanden hatte.

Blick vorbei am Mittelpavillon zur Turmruine der einstigen Hof- und Garnisonkirche.

OBEN *Innenseite des stark zerstörten nordwestlichen Kopfbaus.*

RECHTS *Blick vom Innenhof auf das zerstörte Fortunaportal mit seiner niedrigen geschwungenen Galerie und die Nikolaikirche am Alten Markt.*

OBEN   1955 war die Außenkuppel der Nikolaikirche als 44 Tonnen schwere Stahlkonstruktion wieder errichtet worden. Der Gemeindekirchenrat hatte 1948 beschlossen, das Gotteshaus mit seiner stadtbildprägenden Kuppel wieder aufzubauen.

Blick von der Langen Brücke auf das Schloss von Südosten. Hinter den Fenstern im ersten Obergeschoss des Eckbaus lagen die Wohnräume Friedrichs des Großen. Von der Bittschriftenlinde, die 200 Jahre vor der Wohnung des Königs stand, ist keine Spur mehr zu sehen. Potsdams bekanntester Baum war bereits 1949 beseitigt worden.

Blick auf den östlichen Schlossflügel. Im 18. Jahrhundert war hier die königliche Hofverwaltung untergebracht. Nach dem Ende der Monarchie 1918 bezog die Potsdamer Stadtverwaltung diese Räume. Die Häuser entlang der Humboldtstraße sind bereits abgeräumt worden. Nur die Kastanie, die vor dem Palasthotel stand, ist erhalten geblieben.

Die Wappenkartusche an der Front des Mittelpavillons zum Lustgarten betonte den Machtanspruch Friedrichs des Großen. Vom preußischen Adler, der in der Mitte thronte, sind nur noch Fragmente zu erkennen. Auch von den beiden Fama-Figuren, die den Ruhm des Königs verkünden sollten, ist nur noch eine Skulptur erhalten geblieben. Der Kopf der Fama konnte beim Neubau des Landtags wiederverwendet werden.

Blick auf die Südfassade des Stadtschlosses. Im Hintergrund die Turmruine der Garnisonkirche.

Hinter dem Mittelpavillon mit den doppelten Dreiviertelsäulen lag der über zwei Etagen reichende Hauptsaal des Schlosses – der Marmorsaal.

24

Erhalten gebliebener Skulpturenschmuck auf der Attika des Stadtschlosses. Friedrich der Große hatte zur Ausschmückung seiner Winterresidenz ursprünglich mehr als 300 Plastiken anfertigen lassen.

Schlusssteinköpfe an den Fenstern des Mittelpavillons an der Lustgartenseite des Corps de logis.

Säulenkapitell am Mittelpavillon der Hofseite.

Durch den immensen Druck der Sprengbomben ist ein Säulenpaar der Ringerkolonnade in sich verschoben worden.

Das Säulenpaar ist bereits wieder in seinen originalen Zustand versetzt worden, später fand ein Teil der Kolonnade seine provisorische Aufstellung an der Alten Fahrt. Auch die Kuppel der Nikolaikirche ist schon im Wiederaufbau. Seit 2016 steht die restaurierte Kolonnade wieder am originalen Platz.

Blick entlang des zweiten Obergeschosses des nordwestlichen Flügels zur bereits rekonstruierten Kuppel der Nikolaikirche.

Pilasterkapitelle

Blick aus einem der Bögen der geschwungenen Galerie des Fortunaportals zum Kopfbau des Nordwestflügels.

Blick vom Alten Markt vorbei am Fortunaportal zur Ruine des Plögerschen Gasthofes und zum Turm der Garnisonkirche.

Die Innenseite der nahezu komplett erhaltenen Fassade des Plögerschen Gasthofes. Die markanten Skulpturen auf der Attika befinden sich heute an der Hauptallee im Park von Sanssouci.

Blick vom ehemaligen Standort der bereits abgeräumten Ruine des Palastes Barberini zur Nikolaikirche und zum Alten Markt. Der nun öde Stadtraum gehörte vor dem Zweiten Weltkrieg zu den schönsten Plätzen Europas.

Die ehemals dichte Bebauung westlich der Nikolaikirche ist bereits abgeräumt worden. Die Aufnahme entstand dort, wo kurz zuvor noch die Ruine des Plögerschen Gasthofes gestanden hatte (um 1959).

Blick auf den südöstlichen Pavillon, in dessen erstem Obergeschoss die Wohnräume Friedrichs des Großen lagen. Bis auf die zwei Fensterachsen, hinter denen sich das Schreibkabinett des Königs befand, ist die Fassade zerstört. Anstelle des Konzertzimmers klafft eine große Lücke.

Blick vom Innenhof des Schlosses auf die Ruine des Fortunaportals.

Blick auf das Alte Rathaus und den nordwestlichen Kopfbau, in dem sich bereits unter dem Großen Kurfürsten die Schlosskapelle befand. Friedrich der Goße hatte hier vier Gästewohnungen einrichten lassen, bevor König Friedrich Wilhelm III. und Königin Luise die Räume umbauen ließen, um im Frühjahr und Herbst jeden Jahres selber darin zu wohnen.

*Blick auf die Ringerkolonnade und den
stark zerstörten westlichen Schlossflügel.*

Blick von der Freundschaftsinsel auf den östlichen Schlossflügel und die bereits im Wiederaufbau befindliche Nikolaikirche. Das Alte Rathaus mit dem Knobelsdorffhaus gab dem Ensemble einen städtebaulichen Rahmen.

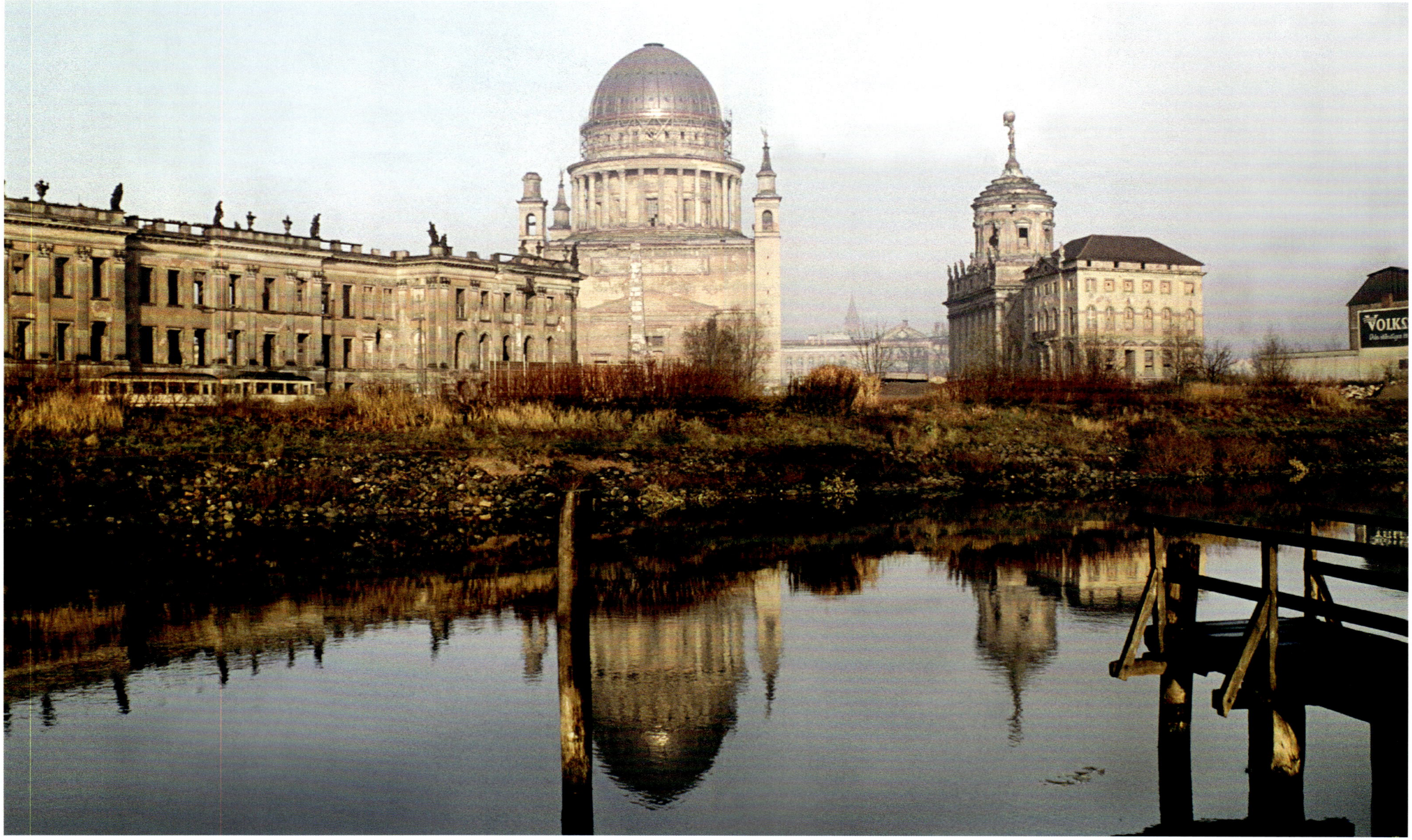
VOLKS

Blick von der Freundschaftsinsel auf den östlichen Schlossflügel und die bereits im Wiederaufbau befindliche Nikolaikirche. Das Alte Rathaus mit dem Knobelsdorffhaus gab dem Ensemble einen städtebaulichen Rahmen.

Blick vom Steubenplatz auf die Ringerkolonnade und den unzerstörten Marstall.

Blick über die Alte Fahrt zu den Hinterhäusern in der Brauerstraße, um 1955.

Blick von der südlichen, später abgebaggerten Spitze der Freundschaftsinsel auf die Stadtschlossruine, um 1955.

Der ausgebrannte östliche Flügel. Die Geschossdecken des friderizianischen Schlosses bestanden komplett aus Holz. Alle Etagen des Bauwerks brannten nach dem Luftangriff in der Nacht vom 14. auf den 15. April 1945 vollständig aus.

Das Potsdamer Stadtschloss

VON HERBERT POSMYK

Das Stadtschloss, so wie wir es bis 1959/60 kannten, stammt aus dem 18. Jahrhundert, erbaut unter Friedrich II. von seinem Baumeister Georg Wenzeslaus von Knobelsdorff.

Das Stadtschloss wurde zu einem Meisterwerk preußischer Architektur, bewundert von der gesamten europäischen Fachwelt.

Am 14. April 1945 wurde Potsdam von einem verheerenden Luftangriff der Alliierten heimgesucht. Die Innenstadt wurde fast vollkommen zerstört. Das Stadtschloss wurde getroffen und brannte völlig aus. Die prächtigen Innenräume wurden zerstört. Viele architektonisch wichtige Gebäude im Umfeld des Schlosses wurden von Spreng- und Brandbomben stark beschädigt oder zerstört: Das Alte Rathaus, das Palais Barberini, der Plögersche Hof. Auch die Nikolaikirche, die Heiliggeistkirche und die Garnisonkirche wurden schwer getroffen. Weit über 1.000 Potsdamer Bürger fanden den Tod – meist Frauen und Kinder sowie Flüchtlinge aus den deutschen Ostgebieten.

Was sollte mit dem zerstörten Stadtschloss geschehen? In der internen Parteidiskussion der SED gab es kaum Zweifel: An einen Wiederaufbau war nicht zu denken.

Bei der herrschenden Wohnungsnot – ein Großteil der Häuser war beschädigt oder zerstört – wäre der Wiederaufbau des Schlosses zu dieser Zeit niemandem zu vermitteln gewesen. Das Stadtschloss war in den Augen der Partei der Inbegriff des preußischen Militarismus, der letztendlich zum Zweiten Weltkrieg geführt hatte.

Wir als junge Architekten und Ingenieure sahen uns den Trümmern in den deutschen Städten und Landgemeinden nach dem Zweiten Weltkrieg gegenüber.

Es fehlten Schulen und Krankenhäuser, Straßen und Brücken waren oft marode oder zerstört. Die Industrie lag darnieder. Es fehlten viele Güter des täglichen Bedarfs und es mangelte an Lebensmitteln. Zu dieser Zeit setzte die Sowjetunion die Demontage intakter Fabriken und Industrieanlagen durch, was viele Menschen irritierte.

Wäre der politische Wille vorhanden gewesen, das Stadtschloss in fernerer Zukunft wieder aufzubauen, dann hätten entsprechende Sicherungsmaßnahmen durchgeführt werden müssen, was aber nicht geschah. So setzten Wind und Wetter in den zehn Jahren nach Kriegsende dem Gebäude weiter zu.

Auf dem westlichen Teil des Lustgartens sollte ein Polizeistadion errichtet werden. Landespolizeichef Richard Staimer und die FDJ forderten 1948, die Schlossruine zu sprengen und die Trümmermassen zum Bau des Stadions zu verwenden. 1949 gab es eine Teilsprengung an der Nordwestseite des Schlosses. In diesen Tagen wurde auch die »Bittschriftenlinde« gefällt.

Empörte Bürger und Prominente wandten sich an den sowjetischen Stadtkommandanten. Auf seine Veranlassung hin wurden die Abbrucharbeiten wieder eingestellt, wie man hörte mit dem Hinweis, dass auch in der Sowjetunion, in Moskau und Leningrad die Schlösser der Zaren als Nationales Kulturerbe erhalten bzw. wiederaufgebaut würden.

Es zeigte sich, dass auch etliche prominente Mitglieder der SED nicht der »großen Linie« folgten. Zu den Befürwortern des Erhalts des Schlosses gehörten u.a. Oberbürgermeister Walter Paul, der Generaldirektor der Schlösser und Gärten Prof. Willy Kurth, Dr. Gerhard Strauß, Leiter der Abt. Volksbildung in der damaligen sowjetischen Besatzungszone, Prof. Hans Scharoun, Mitglied der Akademie der Wissenschaften, Abteilung Bauwesen, Kurt Liebknecht (Neffe Karl Liebknechts) – alle SED – sowie der CDU-Stadtrat Dr. Stützel. Nach einer gemeinsamen Besichtigung am 4. Mai 1949 wurde festgelegt, das Stadtschloss zu erhalten.

1956 kam die Abrissdiskussion erneut in Gang. Das hing auch mit der »Großen Politik« zusammen, mit dem 17. Juni 1953 und dem Tod Stalins.

Gegen die verstärkt geäußerten Abrissabsichten wandte sich das Berliner Institut für Denkmalpflege unter Prof. Ludwig Deiters – zentral für die DDR zuständig – mit Vorschlägen für die künftige Nutzung des Schlosses. Diese Vorschläge hatten jedoch keinen Realitätsbezug, da weder Geldmittel noch Baukapazitäten vorhanden waren.

1957 hatte die SED Pläne ausgearbeitet aus denen hervorging, dass das Schloss aus verkehrstechnischer Sicht einem sozialistischen Stadtzentrum im Wege stand und durch die Bildung eines zentralen Aufmarschplatzes ersetzt werden sollte. Die Partei startete Kampagnen, um die Beseitigung der Stadtschlossruine als Hort des preußischen Militarismus, Revanchismus und Imperialismus durchzusetzen.

Am 12. Mai 1959 fand beim Zentralkomitee der SED in Berlin unter Leitung von Walter Ulbricht, Erster Sekretär des ZK, eine Sitzung statt. Im Protokoll stand, Potsdam betreffend, folgendes geschrieben in wörtlichem Auszug:

»Für den Aufbau des Stadtzentrums von Potsdam bis 1965 wird folgendes festgelegt:
a) Es besteht Einmütigkeit im Politbüro, dass beim Wiederaufbau Potsdams ein Teil der alten Gebäude, mit Ausnahme des Schlosses, restauriert werden. Die architektonisch wichtigsten Teile der Ruine sind entweder in bestimmten Neubauten einzubauen oder in einem Museum unterzubringen. Über den Abriss des Schlosses ist in der Stadtverordnetenversammlung ein Beschluss herbeizuführen und mit dem Abriss zu beginnen.
b) Für die Gestaltung des Zentralen Platzes ist entsprechend den Vorschlägen in der Diskussion ein neuer Entwurf auszuarbeiten.

Damit waren die Würfel für den Schlossabriss gefallen. (Der Text des Politbürobeschlusses wurde nach der Wende im Archiv aufgespürt.)

1951/52 wurde in Potsdam das Entwurfsbüro für Hochbau des Landes Brandenburg gegründet. Die Zahl der Mitarbeiter lag bei etwa 300. Alle wichtigen Projekte und Bauprogramme des Landes Brandenburg wurden in diesem Büro erarbeitet. Damit die späteren Ereignisse erklärbar sind, bedarf es einiger kurzer Ausführungen: 1958/59 wurde in einem Kollektiv des Büros aus privatem Antrieb (also in sogenannter Nachfeierabendtätigkeit) eine Entwurfsunterlage erarbeitet, was mit der Schlossruine passieren könnte, denn es lag auch der Abriss in der Luft. Die Arbeiten fanden unter Regie der Architekten Günther Vandenhertz und Horst Görl statt. Die Entwurfsunterlagen/Ideenskizzen mit entsprechender Baubeschreibung wurden beim Rat der Stadt eingereicht. Eine Antwort oder eine Bestätigung des Empfangs blieb aus.

Am 13. November 1959 fand beim Rat der Stadt Potsdam unter Leitung des Oberbürgermeisters Wilhelm Rescher eine Sitzung statt, auf der der Aufbauplan »Potsdam schöner denn je« präsentiert wurde.

Dieser Aufbauplan ging von der Voraussetzung aus, dass die Stadtschlossruine abgerissen wird, wie vom Politbüro gefordert. Danach traf der sogenannte »Demokratische Block« aus Parteien und »Massenorganisationen« eine Entscheidung für den Aufbauplan und den Schlossabriss.

Zu dieser Tagung wurde der Abriss der Schlossruine in 17 gleich lautenden Resolutionen des VEB Bau Potsdam gefordert.

Dann stimmten die Stadtverordneten über den Aufbauplan und den Stadtschlossabriss ab: Das Ergebnis war einstimmig.

Als der Tag der Sprengarbeiten feststand, kam ein Anruf vom Rat der Stadt in unser Büro, dass die Mitglieder der Brigade C sich am kommenden Tag an der Schlossruine einzufinden hätten, um Absperrmaßnahmen gegen eventuelle Proteste der Bevölkerung durchzuführen. Ein Affront ersten Ranges. Natürlich ging niemand hin. Es gab heftige Diskussionen in unserer Gruppe. Wir kamen dann überein, dass wir nach außen wirksam werden mussten, ohne uns und unsere Familien zu gefährden. Es wurde ein Telegrammtext entworfen, diskutiert und per Unterschrift aller angenommen.

Der Text des Telegramms: *»Das ehemalige Stadtschloss Potsdam soll morgen gesprengt werden. Wir, 15 Architekten und Ingenieure der Brigade C des VEB Hochbauprojektierung Potsdam, protestieren gegen diese überstürzte Maßnahme. Uns ist keine Stadtplanung bekannt, die den Abriss des Schlosses rechtfertige. Wir sehen in dem Abriss die Zerstörung eines baukünstlerischen Ensembles.«*

Gisela Bruhns (heute Görl) und ich wurden beauftragt, die Telegramme aufzugeben, was umgehend geschah.

Als wir sie am Postamt am heutigen Luisenplatz aufgeben wollten, las die junge Frau den Text, zeigte ihn der benachbarten Kollegin, dann ging sie nach hinten – wir mussten etwa zehn Minuten warten, sie kam zurück und die Telegramme wurden aufgenommen. Was hinten passierte, konnten wir nur mutmaßen. Natürlich gaben wir nur die drei Telegramme innerhalb der DDR auf, für die drei Telegramme ins Ausland hatten wir kein Übermittlungsvertrauen.

Empfänger waren:
- der Präsident der DDR, Wilhelm Pieck, Berlin
- der Vorsitzende des Rates des Bezirkes Potsdam, Herr Rutschke
- der Präsident der Deutschen Bauakademie, Prof. Liebknecht

Nachmittags fuhr ich nach Westberlin, dort wohnte mein Bruder, der damals noch Student war und ich bat ihn mir das Geld vorzuschießen, da ich kein Westgeld besaß, um die Telegramme an folgende Empfänger aufzugeben:
- die Akademie der Wissenschaften in Moskau
- den ehemaligen Außenminister der Republik Frankreich, Georges Bidault, Paris
- die Akademie der Künste, Paris

Am 15. November 1959 erschien in der Presse (Neues Deutschland) eine Mitteilung vom Stadtverordnetenbeschluss. Weitere Proteste wurden bekannt:
- Gutachten von Prof. Weidhaas zum Erhalt des Schlosses
- Prof. Dr. Ing. K. Erbs, Berlin, ehemaliger Stadtbaurat in Potsdam
- Prof. Räder, Hochschule für Architektur und Bauwesen Weimar
- Technische Hochschule Dresden, der Dekan
- Prof. Hans Retzdorff, Fürth

Am 17. November 1959 wurden die Unterzeichner des Telegramms zum Rat des Bezirkes bestellt, um mit Vertretern des Staatsapparates eine Aussprache zu führen. Die »Aussprache« dauerte drei Stunden. Jeder von uns musste sich mindestens einmal äußern und sein Verhalten begründen. Mir hat man zum Beispiel nicht abgenommen, dass ich als Statiker ein künstlerisches Interesse am Schloss hätte und mir gesagt, dass es sich um ein feindseliges Verhalten gegen Maßnahmen der staatlichen Organe handele. So wurde u. a. angenommen, dass die Fotos, die im »Potsdamer Intelligenzblatt« in Westberlin ab und an vom Schloss veröffentlicht wurden, von mir stammten, was aber nicht der Fall war. Die meisten Beiträge zur Diskussion in unserer Gruppe kamen von Günther Vandenhertz; er wurde auch in einem später gefundenen Protokoll als Spiritus Rector erkannt und bezeichnet.

Als nach zwei Stunden »Diskussion« keine »Einigkeit« bestand, ging die Tür des Saales auf und etliche Personen in Kampfgruppenanzügen, jeweils mit Fahnen oder Kalaschnikows ausgerüstet, kamen herein und stellten sich breitbeinig hinter uns. Wir protestierten, dass unter diesen Bedingungen keine weitere Aussprache Sinn hätte. Daraufhin wurde die militante Gruppe an den Giebel des Saales beordert. Unter dem Eindruck der Staatsmacht plätscherte das Gespräch nur noch dahin und nach drei Stunden beendete der Vorsitzende Rutschke die »Aussprache« mit folgenden Worten:

»Wir untersagen Ihnen jegliche weitere Diskussion über das Stadtschloss. Wenn nicht, werden wir Wege und Mittel finden, Sie zum Schweigen zu bringen. Gehen Sie an Ihre Arbeit.«

Unmittelbar danach begannen die Abrissarbeiten.

Meine Fotografien Seit etwa 1953 bin ich mit meinem Fotoapparat an der Schlossruine tätig gewesen; vor allem als sich abzeichnete, dass das Schloss der sozialistischen Umgestaltung des Zentrums im Wege stand, wurde ich mit der Kamera besonders aktiv, um zu dokumentieren. Für wen und warum, war vollkommen unklar, eigentlich habe ich es nur für mich getan.

Das Schloss hat mich auch als Ruine beeindruckt, es hatte eine gewisse Patina nach dem Großbrand von 1945 und strahlte auch während des zweiten Untergangs 1959/60 Größe und Würde aus.

Während meiner Fotoarbeiten wurde ich oftmals von der Polizei und mir nicht bekannten Personen behindert. Ein formales mündliches Fotoverbot habe ich ignoriert und wies mich als Mitglied des Planungsbüros aus.

Mein Fotoapparat war eine Spiegelreflexkamera Exakta Varex IIa mit einem Wechselobjektiv Tessar 2.8/50 mm. Außerdem hatte ich ein Zeiss-Objektiv Flektogon 2.0/35 mm, sowie ein Zeiss Sonar 5.6/135 mm. Die Aufnahmen wurden am Lichtschacht der Kamera beurteilt und mit Hilfe von Stativ und Drahtauslöser belichtet. Die meisten Bilder sind Farbdias 24/36 mm, die schwarz/weiß-Aufnahmen liegen als Negativ-Material vor, oft 10/10 DIN, 24/36 mm.

2014 Das Schloss ist dank einer glücklichen Konstellation – der Landtag suchte ein neues Domizil, wir Potsdamer wollten das Schloss – wiedererstanden.

Dank den Potsdamer Bürgern, die sich in jahrelangen »Montagsdemos« engagierten – gegen Widerstände vieler Art.

Gedankt sei Günther Jauch für die Initialzündung am Fortunaportal und Hasso Plattner zur Ermöglichung der historischen Fassade.

Dank der Initiative »Mitteschön« für sein »Wachsames Auge« und dem Stadtschlossverein, der sich für die Wiedergewinnung des Figurenschmucks auf dem Schlossgesims durch Spenden einsetzt.

Wir Potsdamer Bürger wünschen dem Haus eine gute, neue Zeit, auf dass es ein Haus des Volkes werde.

Herbert Posmyk
Potsdam, im Juli 2016

48

*Skulpturenfragmente und Säulentrommeln
im Innenhof des Stadtschlosses.*

50

51

*Skulpturenfragmente und Säulentrommeln
im Innenhof des Stadtschlosses.*

Die Zerstörung der Stadtschlossruine wird vorbereitet. Vom 17. Dezember 1959 bis zum 23. April 1960 wurde durch 17 Sprengungen eines der bedeutendsten Schöpfungen des friderizianischen Rokoko dem Erdboden gleich gemacht.

Ein Volkspolizist will die Aufnahme verhindern und stürmt auf den Fotografen Herbert Posmyk zu.

53

54

LKW-Anhänger standen zum Abtransport des Schutts bereit.

*Impressionen der gut erhaltenen Ringerkolonnade, mit
der von Knobelsdorff 1744 den Umbau des Schlosses begann.*

56

*Blick vom Steubenplatz auf den stark
zerstörten westlichen Schlossflügel.*

Die Ruine des Fortunaportals mit dem nordöstlichen Kopfbau.

Die Abbrissarbeiten haben begonnen. Die Reste der geschwungenen Galerie zu beiden Seiten des Fortunaportals sind bereits abgebrochen.

Das Fortunaportal vor und nach seiner Sprengung. Rechts der noch stehende Portikus des nordwestlichen Kopfbaus.

Blick aus der Breiten Straße auf eines der beiden Bürgerhäuser G. W. von Knobelsdorffs und den Marstall.

Blick vom Steubenplatz auf den nordwestlichen Kopfbau des Schlosses und die Nikolaikirche.

*Die Ruine des Stadtschlosses wurde mit einem
Bretterzaun notdürftig umfriedet, noch steht ein
Teil der halbrunden Galerie des Fortunaportals.*

Mehr als die Hälfte des westlichen Schlossflügels war zerstört. Nicht nur die im Kopfbau zum Alten Markt liegenden Wohnungen König Friedrich Wilhelms III. und der Königin Luise, sondern auch die sich in der Raumfolge nach Norden anschließenden Oranischen Kammern und die Wohnung des Soldatenkönigs waren unwiederbringlich verloren. Mit ihnen wurden zahlreiche Kunstwerke, wie Gemälde, Möbel und Porzellane, vernichtet.

Abrissarbeiten am Süd- und Westflügel. Die Gerüste waren aufgebaut worden, um die Skulpturen vor der Sprengung des Schlosses zu bergen.

Mittelpavillon mit dem Eingang zum Haupttreppenhaus. Rechts und links vom Eingang ließ Friedrich der Große 1750/51 die Figurengruppen des Apoll und der Minerva von Johann Peter Benkert aufstellen. Die nach dem Bombenangriff noch erhaltenen Skulpturen wurden später beschädigt und gelten als verloren.

Der Mittelpavillon, hinter dem sich das Haupttreppenhaus befand, von Osten.

Skulpturenfragmente im Innenhof des Schlosses.

Blick in den Keller unter der Marmorgalerie.

*Der noch gut erhaltene östliche Schlossflügel an der Humboldt-
straße fiel zuerst dem Abriss zum Opfer und gibt den Blick auf
den gegenüberliegenden Westflügel und den Mittelpavillon frei.*

Abrissarbeiten des östlichen Schlossflügels an der Humboldtstraße.

Blick vom Innenhof des Stadtschlosses auf einen Teil des Westflügels.

Blick in den Innenhof während der Abrissarbeiten.

OBEN *Die Bergung kostbarer Skulpturen musste oft in großer Eile geschehen, sodass nicht alles sachgerecht geborgen werden konnte.*
UNTEN *Blick vom Alten Markt entlang des zwar beschädigten, aber nicht zerstörten östlichen Schlossflügels. Im Mittelpavillon des Südflügels befand sich das Haupttreppenhaus.*

OBEN   *Blick vom niedergelegten Ostflügel des Schlosses zum Alten Markt.*
UNTEN   *Reste von Fassadenschmuck nach dem Abriss des westlichen Schlossflügels mit Blick auf den Marstall und einen Teil der erhaltenen Ringerkolonnade.*

OBEN   *Der östliche Kopfbau, in dem sich im 18. Jahrhundert das Schlosstheater befand. 1919 hat der Architekt Reinhold Mohr hier den Sitzungssaal für die Potsdamer Stadtverordneten eingebaut.*
UNTEN   *Blick zum teilweise schon gesprengten Corps de logis, in dem sich das Haupttreppenhaus befand.*

Die bereits erfolgte Sprengung eines Teils des Corps de logis erlaubt einen Blick in das Innere des Treppenhauses. Deutlich zu erkennen sind Reste der weißen Marmorpilaster.

OBEN *Die aus weißem Marmor gearbeiteten vier Hermen im Eingang zum Treppenhaus waren kompliziert mit dem Mauerwerk verankert und konnten nicht mehr gesichert werden. Sie verblieben bei der Sprengung am Bauwerk und wurden damit vernichtet.*
UNTEN *Detail einer männlichen Herme vom Eingang zum Haupttreppenhaus.*

Der nordwestwestliche Kopfbau vor der Bergung der vier freistehenden Säulen und des Giebelreliefs. Die Schauseite zum Alten Mark war besonders prachtvoll gestaltet worden.

OBEN *Blick entlang der Ruine des westlichen Schlossflügels auf die Nikolaikirche mit der bereits wieder hergestellten Kuppel.*
UNTEN *Geborgene Skulpturen von der Attika des Stadtschlosses, im Hintergrund die Ruine des nordwestlichen Kopfbaus.*

Im ersten Obergeschoss des südwestlichen Pavillons befand sich über Eck das Etrurische Kabinett. Von den Fenstern dieses Raumes haben die weiblichen Mitglieder des Hauses Hohenzollern die jährliche Frühjahrsparade im Lustgarten verfolgt. Im Geschoss darüber lagen die Wohnräume Wilhelms II., die der Kaiser in den Jahren nach seiner Hochzeit 1881 bewohnte.

Der nordöstliche Kopfbau ohne die bereits geborgenen Fassadenteile. Das auf diesem Foto nicht mehr existierende Giebelrelief »Apoll und die Musen« konnte vor der Sprengung ausgebaut werden.

OBEN   Blick vom Alten Markt auf den östlichen Schlossflügel. Im Vordergrund die Trümmer des gesprengten Fortunaportals.
UNTEN   Blick von der Schlossstraße auf die Ringerkolonnade und den westlichen Schlossflügel.

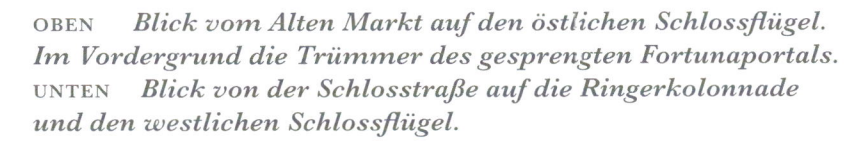

OBEN   Blick vom ehemaligen Lustgarten auf die Nikolaikirche und die Ruine des westlichen Schlossflügels.
UNTEN   Blick vom Innenhof auf den Mittelpavillon, in dem sich das Haupttreppenhaus befand. Links davon, Reste des südwestlichen Pavillons. Hier lagen die Wohnräume Friedrichs des Großen.

Blick auf den östlichen Schlossflügel. Zur Bergung des Giebelreliefs und der Säulen vom Portikus ist ein Gerüst aufgestellt worden. Im Vordergrund sind die Trümmerreste des gesprengten Fortunaportals zu sehen.

Das Gerüst am westlichen Kopfbau zum Alten Markt wird aufgestellt, um die gut erhaltenen Säulen und das kostbare Giebelrelief »Friedensopfer« am Portikus vor der Sprengung zu bergen. Die abgebauten Architekturteile sind beim Neubau des Landtages wiederverwendet worden.

Eine geborgene Skulptur von der Attika des Stadtschlosses.

Die Ruine des südwestlichen Pavillons, in dessen ersten Obergeschoss sich einst das Etrurische Kabinett befand.

Die Innenseite des nordwestlichen Kopfbaus. Im ersten Obergeschoss lagen die Wohnräume der Königin Luise, in der Etage darüber hatte König Friedrich Wilhelm III. seine Zimmer.

Blick auf die Trümmer des Marmorsaals. Von der benachbarten Marmorgalerie ist noch die nördliche Wand zu sehen. Der südwestliche Pavillon mit den Resten des Bronzesaals, der Blauen- und der Gelben Paradekammer sowie dem Etrurischen Kabinett existieren nicht mehr. Der Blick wird frei auf die Breite Straße mit der mächtigen Turmruine der Garnisonkirche.

Blick vom Lustgarten auf den westlichen Schlossflügel. Hinter den Fenstern des ersten Obergeschosses befand sich einst die Wohnung Friedrich Wilhelms I. Der Soldatenkönig hatte seine Wohnräume bewusst in diesem Flügel gewählt, da er so auf sein geliebtes Paradefeld schauen konnte.

Blick aus dem Innenhof auf das Corps de logis mit dem Mittelpavillon. Im Vordergrund liegen ausgebaute Skulpturenfragmente und Säulentrommeln, die im Schlosshof vor dem Abtransport gesammelt wurden.

Nach 17 Sprengungen war im April 1960 die Ruine des Stadtschlosses niedergelegt und der Trümmerschutt abgeräumt worden. Zahlreiche Skulpturen und Bauteile konnten aufgrund des hohen Zeitdrucks erst nach der Sprengung aus dem Schutt geborgen werden.

85

Blick zum Alten Markt. Reste des Stadtschlosses warten auf den Abtransport.

Blick vom abgeräumten Ruinengrundstück des Stadtschlosses über den ehemaligen Lustgarten zum Marstall. Die Ringerkolonnade (rechts) hat ihre Funktion als Verbindung zwischen Marstall und Schloss verloren.

In der Mitte Potsdams klafft eine riesige Lücke. Die ehemalige Residenzstadt der Hohenzollern hat ihre Mitte verloren.

Das Alte Rathaus und das Knobelsdorffhaus sind zwar als solitäre Bauwerke erhalten geblieben, haben aber ihren städtebaulichen Bezug zum Alten Markt eingebüßt.

Blick von der Nikolaikirche auf den ehemaligen Standort des Stadtschlosses. Die östlich der Humboldtstraße liegenden Ruinengrundstücke sind bereits abgeräumt worden. Einzig die Kastanie von der ehemaligen Terrasse des Palasthotels hat alle Stürme der Zeit überstanden. Der Straßenverkehr verläuft noch über die alte Lange Brücke. Der parallel liegende neue Havelübergang ist bereits im Rohbau fertiggestellt.

*Blick über das abgeräumte Schlossareal zum Ernst-Thälmann-Stadion,
das 1948/49 auf einem Teil des Lustgartens errichtet worden war.
Die Tribünenwälle wurden mit Bauschutt des Stadtschlosses verfüllt.
Als 1999/2000 das Stadion abgetragen wurde, konnten daraus
ca. 2000 Fragmente unterschiedlichster Größe geborgen werden.*

Nach 17 Sprengungen war im April 1960 die Ruine des Stadtschlosses niedergelegt und der Trümmerschutt abgeräumt worden. Zahlreiche Skulpturen und Bauteile konnten aufgrund des hohen Zeitdrucks erst nach der Sprengung aus dem Schutt geborgen werden.

Ruinenschönheit

SVEN FELIX KELLERHOFF

Wo Argumente versagen, wird Fotografieren zum Akt zivilen Ungehorsams. Jedenfalls, wenn es um ein Verbrechen an der Kunst geht, das mit Worten nicht abgewendet werden kann. Nämlich um den rein ideologisch begründeten Abriss eines prägenden Wahrzeichens. In solchen Fällen wenigstens zu dokumentieren, was der Machtverhältnisse wegen nicht physisch gerettet werden kann: Das ist aller Ehren wert.

Buchstäblich mit jedem Mittel hatten Herbert Posmyk und einige seiner Kollegen versucht, die SED von einem scheußlichen Plan abzubringen. Doch alles nutzte am Ende nichts: Das Stadtschloss in Potsdam sollte verschwinden, seine ausgebrannten, aber äußerlich noch zu weiten Teilen erhaltenen Fassaden sollten gesprengt werden. Also blieb im Herbst 1959 dem damals 30-jährigen Posmyk nur noch, zu dokumentieren, was er nicht verhindern konnte. Fortan nahm der Bauingenieur, sooft es ihm möglich war, frei, um den Zustand der Ruine zu fotografieren, die schon bald nicht mehr existieren sollte.

Es ging darum, die Folgen von Vandalismus zu lindern, wie ihn der Berliner Kulturhistoriker Alexander Demandt in seinem gleichnamigen Buch definiert: *»Der gewaltsame Eingriff in das kulturelle Gedächtnis richtet sich gegen die geistige Existenz nicht nur der Urheber oder Besitzer der ruinierten Werke, sondern ebenso gegen alle, denen sie etwas bedeutet haben, bedeuten oder in Zukunft bedeuten können.«*

Genau dagegen wehrte sich Herbert Posmyk. Ende der 1950er-Jahre belichtete er mehrere hundert farbige Dias und Negative in schwarz/weiß rund um das Schloss. Seine Aufnahmen gehören zu den eindrucksvollsten Überresten, die vom alten Stadtschloss geblieben sind. Denn anders als die etwa 600 Baufragmente, die vor und nach der Sprengung gerettet wurden und die inzwischen zum großen Teil in den rekonstruierten Neubau integriert worden sind, lassen Posmyks Bilder erkennen, wie viel vom Stadtschloss trotz des verheerenden Luftangriffs vom 14. April 1945 noch übrig war.

Obwohl die alliierten Bomben die Innenstadt schwer getroffen hatten, nur ein paar Dutzend Häuser unbeschädigt geblieben waren, stand von Potsdams Wahrzeichen noch deutlich mehr originale Bausubstanz als beispielsweise vom Schloss Berlin-Charlottenburg, vom Stuttgarter Neuen Schloss oder von der Mannheimer Residenz. Diese wurden dennoch weitgehend originalgetreu wiederaufgebaut: Charlottenburg wurde schon 1957 feierlich wiedereröffnet, an den Bauten in Mannheim und Stuttgart arbeitete man seit den 1950er-Jahren mit Hochdruck. Dagegen wurde das Potsdamer Schloss der Ideologie der roten Machthaber in der DDR geopfert, ebenso wie zuvor schon der größere Barockbau in Berlin-Mitte.

Fast sechs Jahrzehnte später macht der längst pensionierte Wahl-Potsdamer Posmyk einen rundum stolzen Eindruck. Denn das wichtigste Gebäude seiner Stadt ist wiedererstanden und beherbergt seit Anfang 2014 die Parlamentarier des Landes Brandenburg. Zwar stehen an der Fassade sinnigerweise die Worte: *»Ceci n'est pas un château.«* Auf Deutsch: *»Dies ist kein Schloss.«* Das ist gleichzeitig richtig und falsch. Denn natürlich regiert im technisch zeitgemäßen Neubau mit historisierenden Fassaden kein Monarch mehr. Und trotzdem hat Potsdam mit dem Schloss sein Herz wiedergewonnen.

Als Bauexperte, dessen Leben vom Wiederaufbau seiner Wahlheimat geprägt wurde, ist Posmyk nicht mit allen Details des Neubaus einverstanden, der in zahlreichen einzelnen Maßen vom Vorbild abweicht. Man kann darüber streiten, ob diese Veränderungen tatsächlich nötig waren. Wichtiger aber ist, dass die städtebauliche Wirkung wiederhergestellt wurde.

Die Motive für Vandalismus können sich im Einzelnen unterscheiden. Beim Abriss des Stadtschlosses in Berlin ging es der SED-Spitze darum, einen Aufmarschplatz für »machtvolle Demonstrationen der Arbeiterklasse« zu schaffen, auf denen das eigens angekarrte Volk vor der Führung zu paradieren hatte. In Potsdam dagegen fehlte selbst ein solcher Grund für den Abriss.

Schon 1948 hatte die örtliche SED erste Schritte unternommen, um die Ruine zu diskreditieren. Sie wurde als »Symbol des preußischen Militärstaates« beschrieben, des »Vorläufers der Hitler-Meuten«. Im ehemaligen Lustgarten des Schlosses entstand das »Ernst-Thälmann-Stadion«, überwiegend aufgeschüttet aus den Trümmern der zerstörten Potsdamer Innenstadt. Aber zur selben Zeit kam es auch zu ersten Abrissarbeiten an der Westfassade des Schlosses. Angeblich um weiteres Baumaterial zu »gewinnen«. Das war mit allergrößter Wahrscheinlichkeit ein vorgeschobenes Argument, denn an zerstörten Gebäuden herrschte wirklich kein Mangel.

Unerwartet für die kommunistischen Machthaber erhob sich Protest. Einige renommierte Architekten und Potsdamer Bürger erreichten beim sowjetischen Stadtkommandanten die Zusage, das Schloss nicht abzureißen, solange unklar sei, was an seiner Stelle errichtet werden sollte. In den folgenden knapp zehn Jahren gab es kaum weitere Abrisse, sondern sogar einzelne Sicherungsmaßnahmen. Natürlich konnte der Verfall der Wind und Wetter ausgesetzten Ruine so nur verlangsamt, nicht gestoppt werden. So stand auch Mitte der 1950er-Jahre noch genügend Substanz, um einen Wiederaufbau zu rechtfertigen. Das allerdings war keineswegs im Sinne der SED, und inzwischen hatten die Sowjets ihren ostdeutschen Statthaltern die innenpolitische Macht weitgehend übertragen.

Anfang 1957 folgte der nächste Schritt hin zum Ende des originalen Stadtschlosses: Die Potsdamer SED beschloss, den Neubau der Langen Brücke über die Havel so anzulegen, dass der darüber fließende Verkehr genau auf das Stadtschloss zufahren würde – das damit also im Wege stünde. Aus Protest gegen diese durchsichtige Stadtplanung trat der Leiter des Potsdamer Amtes für Wiederaufbau zurück. Doch es nutzte nichts. Als der V. Parteitag der SED 1958 beschloss, dass zu den Zielen des »Aufbaus des Sozialismus« die Errichtung neuer »sozialistischer Stadtzentren« in der ganzen DDR gehören sollte, die »modern und funktional« sein sollten, war das Todesurteil für das originale Stadtschloss in Potsdam gefallen.

Zur selben Zeit wurden auch in der Bundesrepublik ähnliche Entscheidungen getroffen, allerdings mit anderem Hintergrund. Beispielsweise in Braunschweig wurde das Stadtschloss 1960 gesprengt, zugunsten eines Parks und des »autogerechten« Umbaus der Stadt. Das jedenfalls konnte angesichts des geringen Grades an Motorisierung der Bevölkerung in der DDR kein Argument für den Abriss des Potsdamer Stadtschlosses sein.

Zu den Gegnern des SED-Plans gehörte Herbert Posmyk, der als junger Bauingenieur beim VEB Hochbauprojektierung Potsdam arbeitete. Seine Arbeitsgruppe entwickelte in der Freizeit unter Leitung der beiden Architekten Günther Vandenhertz und Horst Görl Pläne, wie die Schlossruine für die Stadt wieder sinnvoll genutzt werden könnte, entweder als Hotel oder als öffentliches Verwaltungsgebäude. Diese in der Freizeit erarbeiteten Papiere reichten die Initiatoren beim Rat der Stadt ein – und bekamen darauf nie eine Antwort.

Eine offene Diskussion über den geplanten Abriss, wie sie zur selben Zeit in Braunschweig geführt wurde, fand nicht statt. Dort hatte sich die sozialdemokratische Oberbürgermeisterin Martha Fuchs mit der knappen absoluten Mehrheit ihrer Partei im Stadtrat gegen alle anderen Parteien durchgesetzt. Am Ende fiel der Beschluss gegen das Schloss mit zwei Stimmen Mehrheit. In Potsdam dagegen war das Wort der SED Gesetz.

Posmyk und seine Kollegen versandten Protesttelegramme. Unmittelbar vor Beginn der ersten Sprengarbeiten appellierten sie unter anderem an den Präsidenten der DDR, Wilhelm Pieck, sowie an die Akademien der Künste in Moskau und Paris gleichermaßen unmissverständlich wie aussichtslos: »Das ehemalige Stadtschloss Potsdam soll morgen gesprengt werden. Wir 15 Architekten und Ingenieure der Brigade C des VEB Hochbauplanung Potsdam protestieren gegen diese überstürzte Maßnahme. Uns ist keine Stadtplanung bekannt, die den Abriss des Schlosses rechtfertige. Wir sehen in diesem Abriss die Zerstörung eines baukünstlerischen Ensembles.«

Derlei Widerspruch konnte in der Parteidiktatur DDR nicht folgenlos bleiben. Umgehend wurden die 15 Protestierer schriftlich zum Rat des Bezirks Potsdam bestellt, um dort eine »Aussprache« zu führen. Üblicherweise liefen solche Termine so ab, dass die Bürger unter Druck gesetzt und zur »Selbstkritik« genötigt wurden.

Doch mit Posmyk und seinen Kollegen war das nicht zu machen. Nach einer fast dreistündigen Diskussion, bei der die klaren Positionen unvereinbar aufeinander stießen, entließ der Vorsitzende des Rates die 15 Bürger mit einer klaren Drohung: »Wir untersagen Ihnen jegliche weitere Diskussionen über das Stadtschloss. Sollte das nicht der Fall sein, werden wir Mittel und Wege finden, Sie zum Schweigen zu bringen.« Auch Jahrzehnte später fehlt Posmyk noch jedes Verständnis, wenn er daran zurückdenkt: »Wir wurden als sehr gefährliche Widerstandsgruppe behandelt.«

Zu dieser Zeit hatte er längst begonnen, auf seine Weise zivilen Ungehorsam zu leisten – mit seiner Kamera. Und weil er einen guten Blick für Perspektiven, Situationen und Licht hatte und hat, sind viele seiner Aufnahmen kleine Kunstwerke. Besonders gern ging er zum Stadtschloss, wenn gerade die Sonne durch den Nebel hindurch glitzerte. Oft wählte er seinen Standort so, dass im Hintergrund der Schlossruine die Kuppel der Nikolaikirche emporragte. Sie war, im Gegensatz zum Schloss, das als Meisterwerk Georg Wenzeslaus von Knobelsdorffs galt, für einen Wiederaufbau ausgesucht worden – wohl wegen ihres Baumeisters Karl-Friedrich Schinkel.

Auf anderen Bildern, von der Freundschaftsinsel in der Havel aus aufgenommen, gelang es Posmyk, die Spiegelung der versehrten Fassade im Wasser festzuhalten und so der Ruine eine beinahe mystische Wirkung zu verleihen. Das kulturelle Verbrechen der Schlosssprengung fing er perfekt in einem Bild ein, auf dem ein weitgehend erhaltener monumentaler Puttenkopf – nur die Nase war abgebrochen – verloren auf einem Haufen Steine herumlag.

Natürlich setzte die SED ihren Willen durch. Im November 1959 begannen die Sprengarbeiten, die bis April 1960 die Reste des Stadtschlosses in Trümmer verwandelten. Posmyk beobachtete, dass die Reaktionen seiner Nachbarn sehr unterschiedlich ausfielen. Für manche war das Schloss ein »Schandfleck und Verkehrshindernis«, dessen Beseitigung mit der Hoffnung verbunden war, endlich einen modernen Städtebau in Gang zu bringen – mochte er wie in der DDR »sozialistisch« genannt werden oder »autogerecht« wie in der Bundesrepublik.

Vielen weiteren Potsdamern war die Schlossruine gleichgültig: Sie litten unter der Wohnungsknappheit und hätten wohl kein Verständnis für den Wiederaufbau eines Repräsentationsbaus gehabt, während sie weiter in notdürftig reparierten Häusern leben mussten. In der DDR gab es eben kein Wirtschaftswunder, das Kapazitäten für derlei geschaffen hätte.

Schließlich gab es eine Reihe von Potsdamern, die weitsichtig genug waren zu erkennen, dass sie Zeugen eines sehr traurigen Geschehens wurden – »war doch«, wie Posmyk rückblickend sagt, »das Schloss das wichtigste Gebäude der Stadt als Gesamtkunstwerk. Mit dem Ende des Schlosses wurde Potsdams Seele zerstört«.

Das hat sich durch den heftig umstrittenen Neubau in historischer Form in der heute mehr denn je gesellschaftlich gespaltenen Stadt geändert. Ausgestanden ist das Thema aber noch nicht. Jeder Bewohner und Besucher kann sich davon überzeugen, dass Potsdam durch das neue alte Schloss und die weiteren rekonstruierten Bauten hin zur Freundschaftsinsel, die vor der Fertigstellung stehen, seine Mitte wiedergewonnen hat. Dennoch gibt es Kräfte, die ausgerechnet den Schandfleck eines sozialistischen Plattenbaus direkt vor dem Schlossportal verteidigen, der heute einen Teil der Potsdamer Fachhochschule beherbergt.

Frühestens 2018 soll das heruntergekommene Gebäude endlich abgerissen werden – wenn, ja wenn bis dahin ein Ersatzbau an anderer Stelle errichtet sein wird. Vielleicht dauert es noch länger. Irgendwann aber wird sich die Vernunft auch hier durchsetzen.

*Blick von der Nikolaikirche
über das Alte Rathaus zur
Ruine der Heiliggeistkirche.*

IMPRESSUM

© Edition Braus Berlin GmbH, 2016
© für die Fotografien: Herbert Posmyk, Potsdam

Edition Braus Berlin GmbH
Prinzenstraße 84, Aufgang 2
10969 Berlin
www.editionbraus.de

Die Deutsche Nationalbibliothek verzeichnet diese
Publikation in der Deutschen Nationalbibliografie;
detaillierte bibliografische Daten sind im Internet
über http://dnb.d-nb.de abrufbar.

Projektleitung: Jochen Stamm
Gestaltung: Frank Wonneberg, Berlin
Bildbearbeitung: Bild1Druck, Berlin
Druck und Bindung: Grafisches Centrum Cuno, Calbe

Bildnachweis:
Alle Fotografien stammen von Herbert Posmyk.
Der Lageplan auf Seite 96 ist ein Ausschnitt aus dem
»Neuordnungskonzept Sanierungsgebiet Potsdamer Mitte«.

ISBN 978-3-86228-136-7